Ernst Meister
Ausstellung

AUSSTELLUNG

GEDICHTE VON ERNST MEISTER

RIMBAUD PRESSE

Foto Ernst Meisters von Rolf Bongs, Marburg 1931/1932

Es sind folgende Fehler der 1. Ausgabe von Ernst Meisters
"Ausstellung" zu berichtigen:
S. 38 Es war so *gedul*dig der Grund.
S. 48 Blitze malen E*ll*ipsen.
S. 61 Die Engel in *grossen* Särgen

Wir danken dem Landschaftsverband Westfalen-Lippe
für einen Zuschuß.

Reprint der Ausgabe von 1932 im Verlag
der Marburger Flugblätter (15% verkleinert).

© 1985
   Rimbaud Presse
   Postfach 86
   5100 Aachen

Titel:
SE·Design Sylvio Eisl, Postfach 1883, 5100 Aachen

Druck:
Schweers Offsetdruck, Aachen

Bindung:
Buchbinderei Franz Siemons, Aachen

Printed in Germany
ISBN 3-89086-984-X

In der Tat ist das Leere unerschöpflich, nicht das Volle; aus dem Luftmeer ist länger zu schöpfen als aus dem Wassermeer, und dies ist eben die rechte schriftstellerische Schöpfung aus Nichts ...
Ich hoffe, wir haben mehr als einen Romanschreiber aufzuweisen, der, ohne andere Schätze in seinem Kopfe zu haben als seinen einfachen Wasserschatz, die mannigfaltigsten Formen und Geschichten und Gedichte ... zu geben weiß, so wie ein geschickter Wasserwerker sein Springwasser bald als Glocke, als Feuergarbe, ja als Trinkgefäß aus den Röhren steigen läßt.
〈Jean Paul, Kleine Nachschule zur aesthetischen Vorschule, § 1.〉

VORAUSSTELLUNG

MONOLOG DER MENSCHEN

Wir sind die Welt gewöhnt.
Wir haben die Welt lieb wie uns.
Würde Welt plötzlich anders,
wir weinten.

Im Nichts hausen die Fragen.
Im Nichts sind die Pupillen groß.
Wenn Nichts wäre,
o wir schliefen jetzt nicht,
und der kommende Traum
sänke zu Tode unter blöden Riesenstein.

ZWEI PROMENADEN

ICH GEH wie eine schwangere Frau
durch Welt und dieses Abendgrau.
Ich habe schräg den Leib versenkt
in meinen Gang, der sich bedenkt.

Ich weiß nicht, ob ich zu dem Fest
von Trauer, die ein Turm mir läßt,
Gesang noch singen soll, der mich befällt —
Gesang ist Mühsal. Dieses Lied zerschellt.

EIN BAUM fällt aus der Luft.
Die Sterne sind sehr weit.
Mich trägt ein weißes Kleid,
und meine Stimme ruft.

Mein Fuß schläft weiten Schritt.
Die Hände tragen den Gang.
Mir singt ein weißer Gesang
über der Stirn. Das Auge sieht das Lid.

DIE TELEGRAFENDRÄHTE hängen über meinen Atem.

Mein eines Bein liegt im Garten vor dem Haus.

Mein eines Gesicht: Gesicht dieses Abends
ist ausgebreitete Buntheit an der Wand.

Mit meinem nächsten Gedanken zündet sich die elektrische
    Lampe an.

Viele Dinge sagen kein Wort.

Mein Monolog versteht sich von selbst.

Wenn ich nicht an die Zeit dächte und an Notwendigkeiten
    meiner verpflichteten Erscheinung, wüßte ich nicht, wo ich
    jetzt eigentlich bin.

DIE TRENNUNG

Eine Weile, wie ein Tag lang ist,
läuteten seine Schritte mit den meinen
auf einer Asphaltchaussee.

Dann fiel ihn Hunger an
und nagte ihn zu Boden.
Er aß nicht Stein und Asphalt.
Er lechzte nach Brot und Wein, Kaffee.

Geläut, Hirngeläut und Gefühlgeläut, Gefühl= und Hirngeläut
verstummte plötzlich, sachlich.
Ein Auto hupte rauh,
und seine Abschiedshand stieß mich
in mein Zimmer fort,
das ich bald erreichte.

DER GEBÜCKTE

Er geht.

Er hatte einen schlimmen Traum.

Er geht gebückt und atmet kaum.

Er geht.

Seine Stirn hängt ihm auf den Bauch.

Er geht.

Seine Hände sinken nach.

Er geht.

Seine Stirn ist auf den Fuß gefallen.

Er geht.

Und vor ihm rollt sein Kopf.

Der spricht die Litanei:

Ich bin bei den Würmern.

Mein Traum war schlimm.

Er geht gebückt in den Tag.

DER STERBENDE

Er übersieht sich.
Letzte Daseinszüge der Treue für sein Tun
erwirbt er sich in schneller Minute des Atems.

Sonne verfinstert sich nicht.
Jener Schrank ist noch ebenso gelb und riecht,
— o er riecht noch —
ebenso dämmrig nüchtern.

Nun muß er fallen
ins traurige Loch des Todes,

und seine erfrorene Geste
zeigt sich offen der Welt.

MENSCHEN IN EINEM WARTERAUM

Sie kommen alle aus ihren kleinen Küchen und Gehirnen
und setzen sich auf eingeschrumpfte Stühle
und legen auf den Tisch die alternde Hand.

Und alle schweigen, die Minuten röcheln in Bildern der Wand.
Alle fühlen klaffenden Daseinsriß voller geerbter Langmut. —
Bis sie der blinzelnde tötende Wahnsinn anäfft.
Da werfen sie ihre übertaumelnden Gesichter in diese Schlucht.

FAMILIE IM WINTER

Auf diesen Klotz Daseins alles schaue:
Familie thront eingeteilt beisammen.
Dämmerung naht.

Sie hat den Winter ertragen,
düsteres Kollektiv, und besseren Tagen
des Frühlings schiebt sie ihren überpilzten Mund vor.

Darf ich mich fühlen? Muß ich mich nicht ganz ducken ins ver-
    schlagene Licht
täglich hereinbrechenden Abends?

Muß ich nicht klein sein wie letzte längst schon an Flügeln
    gestorbene Fliege der unerhellten Wand?

O Repräsentation ihres Kopfes!
Sie, die Schoßheilige, Aufsparerin unserer Leiber,
Mutter, stößt ihr gewaltiges Antlitz ins schleichende Licht.

Wir vergehen: Kinder
und sind untergetaucht in Erhabenheit ihrer Abendsorge.

Ich aber kräusele mich unter ihrer leiblichen Vorherrschaft,
und summend zerreißt mein Leib die eingetrocknete Scheibe des
    Fensters.

Aber die Verreisung gerät zu keinem Heil.
Die Stadt ist groß, und überall verläuft man sich.

DER HOTELGARTEN

Hier sind Tische.
Hier sind gelbe Stühle.
Hier laufen sogenannte Ober in
weißen Schürzen und Jacken,
und die Mittagmenschen essen die verschiedenen Gerichte.

Durch die Säulen
und über die Jalousie
wirft dieser Stunde Licht
schläfrig unbestimmte
unwichtige Bewegung.

Knipse ich das bläuliche
Licht meiner Innen-
augen an, bin ich ein Farbenklex
ebenfalls in dieser Buntheit von

Farben, Stimmen, Geräuschen.

Es geht ⟨dies sei Ausgang
dieser Besinnung⟩ irgendwo
in einer exakten Straße
⟨links steile Häuser, rechts steile Häuser⟩
ein bewußtes Individuum
geraden Schrittes
immer mehr zu auf eine selbstverständliche Stille.

Zwischen der ersten und letzten Strophe
könnte eine Rührung aufgeflogen sein
wie jetzt der Vogel,
der selbstlos über der warmen Fontäne zerrinnt.

NORMALER NACHMITTAG

Die Sonne scheint. Es ist vier Uhr.
Der Tag zögert in Schritten Vorübergehender.
Alleinbeherrscher der Geräusche ist der Ton C.

Hin und wieder spazieren Autos über die geduckten Dächer.
Die Hupen stehlen in zu lüftenden Schlafzimmern einen Schlaf.

Wer Bedürfnis hat, trinkt um diese Zeit einen Kaffee,
der eine mit Zucker, der andere ohne.
Müßige Zeitungen zerknittern in gleichgültigen Ecken.

Wer nicht sonstige Verpflichtung hat,
macht einen Spaziergang und freut sich der
Natur sowohl als auch seiner neuen Krawatte.

Wer ganz demütig ist, bewegt sich nicht
und hört zu, wie die Sekunden etwas verschweigen.

ALLES BERUHT auf sich.
Ich beruhe auf mir.

Die Stadt geht durch die Straßen spazieren.
Ein Berg steigt zu sich hinauf.
Eine Luftschiffschaukel bleibt im Schwunge stehn und besinnt sich.
Der Fluß spricht: wohin muß ich fließen?
Gott spricht: Mutter, ich kann nicht mehr weiter. Es ist so heiß.
Die Chaussee spricht: ich habe kein Benzin mehr.
Ein Abend umhegt die Welt und sagt: guten Abend.
Mütter sprechen im Chor:
Alles beruht auf sich.
Sie lachen.

L'HOMME MACHINE BLEUE

I

IM BLAUEN Glashirn rote Fläche.

Die müden Augen, soviel Licht zu sehen.
Die müden Beine in den Augen stehen. —

Wenn jetzt die Fläche in dem Glashirn bräche.

II

DIE GELBEN Beine kreuzt der Mensch im Schlaf.
Die Kniee kniet er tief in seinen Mund.
Das dunkle Auge träumt den dunklen Leib.

Der hochgedrehte Kopf dreht sich im Traum.
Die Träume träumen Träume ohne Grund.

III

DAS BLAUE Hirn geht auf und ab.

Die Füße schleifen vielen Wegen nach.

Aber schön ist das Gesicht und das runde Auge in der
Dämmerung.

Das Kind hat leise Spiele gedacht.

Aber was es mit den bleichen Fingern soll, hat es zuerst nicht
gewußt.

Sieh die Flüsse und die Meere und die unsinnigen Spiegel
und die vielen Teiche in deinen Schläfen.

Sehr dunkel ist der Leib abends.

IV

DASS NICHT ein Stern spricht: Auge, leuchte, leuchte!
Du bist so dunkel auf deiner Erde.
Und der stumme Mensch geht dir weit voran.

Leuchte, leuchte, schönes Auge.
Die Mondin leuchtet Licht in unser Licht!

Die Mondin macht deinen Glanz krank,
du immerwährende Lampe im dunklen Gebirge.

V

DER LEIB ist ohne Ende.

Schon sind Häuser in deinen Augen.

An deiner Stirn hängt der ganze Leib.

Du hast ein Herz.

Engel sind in deinem Blut ertrunken.

Viele Stufen zum schönen Licht mußt du gehen.

Deine Schultern sind sehr langsame Abhänge.

Die Knochen sterben allsobald,

und die schönen Gefühle sind nicht sehr beständig.

DIE TRÄUME

NEBEN EINEM TRAUM

Wer mag von einem Traume sagen?
Die graue Taube muß erst ein Gesicht ergreifen.
Das erste Wort wird an den Bäumen sein.

Ein roter Schwan ist in den Traum gedrungen.
Ein Schwarzer hat mir meinen Arm bezwungen.
Ist mir das Schwarz, das Rot, das Grau gelungen? —

Ein weißes Pferd umfliegt die Dämmerungen.
Gedärme ist ihm um den Mund geschlungen.
Und fällt das Pferd, so spricht es: Weide. Glas.

Das Fliegen fliegt im Glas.
Das weiß die Weide.

SCHIFFSUNTERGANG

Dem trunkenen Kuß beugte der Bug lange sich zu.

Den bunten Wassern schliefen ruhig die weitgereisten Träume
in den Schoß.

Die dunklen Wasserspannen spannen der strudelnden Kurven
Fall.

Gesang hinauf und hinab war den staunend Ertrinkenden die
einzige Qual.

Der Schrein des Blaus dämmerte ihnen nicht.

Es war so geduldig der Grund. Er hütete oben das Licht.

EIN MENSCH MITTAGS

Auf einem Buch des Mittags liegt die Hand zerstört.
Die Blumen an den Fenstern fließen über.
Der Kopf steht still, und kein Bild ist erhört.

In diesem Kopf, den Träumen gegenüber
liegt nur ein toter Teich und hat kein Licht.
Es fließen Kähne drüber, die oft stille stehen.

Ein Augenlicht färbt Teich und Kähne nicht.
Ein Tier hat einmal seinen Schlaf besehen.
Es ist so dunkel selbst im weißen Gehen.

IN EINEM TRAUM

Die Schafe im Gelände des Traumes sind sehr schön.
Ein sehr geschweifter Flügel ist die eine Hand.
In schönen Träumen sind die Füße langsam.

In vielen Häfen sind so viele Fische.
Es singt ein Fisch aus Glas. Ein dunkler schweigt.
Im Schwimmen ist das Wasser leicht im Glas.

Das Träumen trägt ein Fisch auf einem Rücken.
Die schönen Schafe sehen zu und mähen.
Ein sehr geschweifter Flügel streift die Hand im Wehen.

DIE SCHÖNEN NAMEN

von einem stein nahm man ein weißes tuch.
ein dichter sah es an und gab ihm viele namen.
ein maler färbte es und endete den trug.

die namen sangen A und O und U.
sie waren scheu und fröstelten wie damen.
zu einem bild gab nur ein rahmen ruh:

viel rosa rieselte entlang den säumen
der reichen frauen, die sich taxen nahmen.
sie zierten sich und waren schön in träumen.

LAJAUNE VERSTEHT EINEN TRAUM NICHT

Sehr leise geht Lajaune durchs Haus.
Sie zieht die Schuhe und Füße aus.
Sie zieht den Rumpf, den Kopf, die Hände aus.

Damit die Menschen in dem Haus
nicht aufwachen und über ihren Schlaf erschrecken,
deshalb geht Lajaune so leise durchs Haus?

Lajaune muß einmal dies entdecken:
Schläft sie nicht selbst, Lajaune, und geht sehr leis durchs Haus?
Vielleicht will sie nicht vor sich selbst erschrecken ...

Lajaune auf immer spitzeren Zehen,
Lajaune wird immer leiser gehen.
Lajaune wird nicht einmal den kleinen Traum verstehen.

DIE GUTE MUSIK

(Wolfgang Hellmert gewidmet)

DIE TREPPE geht mit sich und weiß nicht, was sie tut —
die Menschen halten Schritt mit Händen, Gedichten, Hut.

Es spricht die gute Musik zu manchem allerlei.
Es geht eine Strophe aus Schlaf an vielen Stufen vorbei.

MEINE STIMME, als sie sank,
sang einen zarten Kreis in den Sand.

> Mein entferntes Lied
> singt
> auf einem Haus.

Meine gehörte
     tönende
Einsamkeit
ist rund und von mir verstanden.

LIEBESTOD ZWEIER WORTE

Kindin geht über einen Gang.
Hündin ist deswegen krank.
Kindin liebt den zarten Schrein.
Hündin liebt auch den zarten Schrein.
Sie machen beide die Augen zu.
Sie setzen sich wie zwei Damen auf einen Stuhl.

DAS SCHÖNE MÄRCHEN

Bilder. Bögen. Buch.

Der Prinz winkt der Prinzessin zu.
Die Pagen lächeln ohne Ruh.
Die Brücke und der Hochzeitszug.
Das schöne Märchen weiß genug.

DIE UMGÜRTUNG

Nimm diesen Gürtel und sperre darein
alle Knaben aus Griechenland,

und lasse leuchten daran das rote Garn und das Gold
und das weiße Wunderbare der Nacken.

DIE KüHLE

I

DER MOND blüht auf.
Der Sommer ist erblaßt.
In meinem Mantel weht die erste Kühle:
rote Kühle,
dunkelrote Kühle.

Hinter meinen Pupillen sind die ersten
Eisblumen aufgegangen:
gelbe, weiße,
grüne, grüne, grüne,
schwarze.

II

ES SCHNEIDET die Kühle durch Schatten und Schein.
Es teilte die Kühle den Tod und eine Orange.

Es war der erkaltete Leichnam ein erfrorener Italienbaum.

DAS DUNKEL

Das Dunkel fragt man nicht,
wie es ihm geht.
Es singt nicht.
Es hat keine Augen.
Dunkel ist ein toter Hund.

GLASGEDICHTE

ZWEI GLASPFERDE

Die Narrenpferde springen in dem Glas
durch sich und über sich. Sie spiegeln sich im Reigen.
Bis daß sie träumen: sind wir etwa das,
vor dem wir selbst den eignen Kopf verneigen?
bis daß sie einmal, unsichtbar und Gas,
die ausgerißnen Glieder inniger verzweigen
und so verschlungen, glasiger als Glas,
zu weichen Weiden aus dem Glase steigen.

TOTER DICHTER AUF DEM MEERESGRUND

Es war so geguldig der Grund.
Er hütete oben das Licht.

Die weiße Sonne. Glänzt das grüne Fenster? Glas.
Ein bunter Tod im Wasser. Glas im Glase, das
der rote Glanz im Wasser zudeckt: Schiffe sind es.

Tote sind mit dem Gesicht nach oben aufgeschlossen.
Aus den Stirnen in die Flüsse rinnt es.
Um die Augen fließen weiße Flossen.

Blaues Glas. Der gelbe Dichter starb
an zu reinen Worten. Wer beginnt es,
zuzusehen, wenn ein Glanz verdarb?

DER KNABE

ER MALT aufs Augenlid die ersten schönen Tage.
Er liebt es, seinen bleichen Finger anzusehn.
Sein junger Mund spielt noch mit keiner Frage.

Er meint sehr häufig, seinen Tod zu unterlassen.
Die schönen Särge müssen ferne stehn.
Ihn zwingt es manchmal, Ränder anzufassen.

Der bleiche Finger zögert, über den
das sehr Verderbliche nicht aufhört zu ermatten.
Den süßen Odem muß sein Mund beschatten.

II

SEINE EINIGEN Lippen hatten die Götter besessen gemacht.
Er hatte mit klaren Schenkeln die purpurnen Flüsse überdacht.
Er hatte Unsterbliches mit seinem Winken geliehn
und den jubelnden Völkern Namen und Liebe verziehn.

Den reinsten Kuß vertrank er,
wenn der große Stern am tiefsten stand.
Aller Welt versank er,
wenn der Stern entschwand.

Allen glutenden Hellen
goß er den Samen überaus ins Gewand.
Feuer mußten zerschellen,
wenn er sein Weinen verstand.

DIE HARLEKINE

1. Harlekin

Er hat den Säbel silbern in der Hand.
Sein Kleid ist rot.
Sein großer Kragen ist schön weiß.
Er steht neben dem kleinen Menschen,

2. Harlekin

der auch ein Harlekin ist.
Dieser ist bleich im Gesicht,
und die Brauen wehen über seine Schuhe.

Es sind Seile in ihren Träumen.
Ihre Witze sehen sie nicht.
Die sind im Dunkeln.
Aber sie wissen es.

MORGEN EINES JUNGEN MANNES

Dem so an die Unendlichkeit gerückten
Bett, daß er nicht hoffte, einmal zu erwachen,
entstieg er schlafend noch, und mit gebückten
Fingern schlich er den Tag entlang in schwachen
Sätzen. Die gähnende Figur erregte Aufsehn.
Sie mordete mit Unschuld: Schritt und Blick.
Es mußte erst entstellte Polizei erspähn
ihn. Da sank er jäh in seine Nacht zurück.
Und als er dann zu neuem Traumgeschick
entbrannte, da sprang die beigesellte Lampe zu holdem Irrsinn
in des Tages Glück.

DIE ÜBERSCHREITUNG

Der Nachmittag sinkt unter ihn zum Morgen.
Er rührt im Gehn durch seinen Zimmerraum den Draußen=
  regen an.
Bald wird der Abend sein.

>   Er steht
>   und fällt an sich herab
>   und sitzt
>   und lebt,

sein aufgemachter Sinn rankt sich an Wänden hoch,
an dieser Wand, er sieht's —
und übersieht und geht.
Durch seinen überstiegnen Tod?
In seinen nächsten Gang wahrscheinlich? —
Wer begreift?
O man begreift,
wie er an seinem endlich müden Gang blind wird und steif
  eine Speise ißt.

ULTIMAN

TIER ULTIMAN,
an seinem eigenen Abgrund Tier Ultiman,
dekliniert ὁ βίος.
Tier Ultiman dekliniert sich selbst.

Und es setzt sich,
raschelnd und
dunkel witzig,
auf einen blutarmen Schemel
und hält die entfernten Füße
in kitzelnde Quellen unten.

TANGO. GRÜN und Baum.

Schatten. Buch und Licht . . .

Sein Schritt möchte sein,

aber sein Kopf will es nicht.

Ultiman scheint eine Art Sinnspruch zu sein.

Tier Ultiman trägt einen Hut,

und eine Lampe scheint ihm gut.

Eh Tier Ultiman ins Bett geht,

hat es keinen Gedanken.

Tier Ultiman ist ein Immerschön

und hat nichts zu tun als zu danken.

III

⟨TIER ULTIMAN ist König und baut einen Palast aus
  einem Einfall⟩

Tier Ultiman ist König von Morgenland.
Es schmückt ihm den Hals eine Kette aus Marmorstein.
Die ist schwer.
Und sein Herz ist kühl.

Tier Ultiman baut einen Palast aus einer Assoziation.
Ultiman wußte als Kind schon,
wie es darin umhergehen würde:
mit einer Hyazinthe im Knopfloch
und einem Telefon im Haar,
und in den Nüstern Lampions aus Kupfer.

IV

⟨ULTIMAN AN seine Schwester⟩

Dein kindlicher Garten war schön.

Du hingest abends bunte Laternen in dunkle Sträucher
und schmücktest den unvergeßlichen Pfad mit Rot und Blau
und Gelb.

Keine Gedanken hattest du. Denn Gedanken machen krank.
Du warst ein Kätzchen, Gespielin der flüsternden Göttin,
die wir nur kennen.

Du hattest mit deinem Gehen, deinem Wortesagen genug.
Du hattest mit deinen ach so schuldlosen Worten
deine Freude an aller sommerlichen Einfalt.

BILDER

ZUNEHMENDER SCHATTEN

Dunkelbraun ist geboren worden.
Ein weißer Strich geschieht.
Blitze malen Elipsen.
Gelber See
zerstäubt zu Asche.
Asche wird rot,
zischt,
kommt zu sich.
Schwarz zieht gelassene Schuhe aus.
So kommt die Nacht und herrscht.

DAS BEGRÄBNIS. ZEITLUPE.

Trauer eines
Minuten=
Augen=
Blicks.

Die Sonne scheint
Welt=
Sarg
hin=
ab
und zu.

CIS BE trifft Gehirn links.
Rechts hebt sich leeres Es
gen Aether.   Gebuchtete Innenhöhle.
Kühle.   Bleiche strenge Bläue.
Berührung senkrechter Schultern:
                    Ha. As.

Gedicht aufsagendes
Trommelfell.   Ohrmuschel.
Griechisch.   Tanz.   One Step.

Augen:
Leinwand: tausend Lichtchen.
Rot.   Rot.   Grell weiß.

Ein Schatten.
Vokale des Himalaya.

STRANDBILD ⟨GAUGUIN⟩

Rosa. Gelb. Das rote Rot.
Scheue Mädchen auf den Pferden.
Schwarze Welle, toter Tod
können hier nicht drohend werden.

Weißes Licht und blauer Sand.
Schwarzer Knaben Blick zu Böen.
Heller Spiegel einer Hand.
Seen aus dem Spiegel sehen.

Segel werden hier nicht bleich.
Eine Sonne weht in Scheinen.
Aus dem dunklern Wolkenreich
glänzen Wellen Glanz zu Steinen.

DER FISCHZUG

Wir wollen die Brücken erleben und die Gewässer unter den Bögen und das Gefängnis der Fische beschreiten: Das Wasser.

Und in den Augen der Fische, bläulich dem Spiegel ver= schwommen, wollen wir Teiche anlegen, daß mit den Augen das Wasser verquickt sei.

Alle: die Bläuen des Spiegels, der Augen, der Teiche wollen wir mischen mit roten Gehirnen, daß auch der Zellen Tanz zu den Teichen verebbt sei.

Unter dem Blau und Rot, halbdunklem Spiegel der Teiche, glühn noch die Schuppen der Fische: Lampen im Abend der Tiefen.

Dort: In den dunklen Räumen der Menschen scheinen nur glanzlose Lampen. — Ach, um des Glanzes willen ziehn wir die Fische mit schwärzlichen Netzen ans Licht.

DIE LAMPEN

AN DEN bläulichen Mauern vorbei fallen der Schnee und
    die Toten mit Lampen.
Einmal ist es so kühl, und es ist Winter.

Unsere Träume sind an den oberen Wellen des Sommers.
Regen regnen die leicht verneigten Stirnen hinab
in die dunkleren Brunnen,
die unter den hellen tanzenden Tagen sehr ruhig sind.

ICH TRAGE eine Laterne.

Meine Laterne ist ein Wasser.

O wie geht kein Mond über die Laterne.

O wie geht kein Mond über mein untergetauchtes Haar.

Nur das Gleiten meines Leibes über Straßen mag noch Licht
sein. —

Finde ich mit meiner Laterne — o welche angezündete Er=
fahrung —

einen Nachtfalter auf weißem Weg, der mich tötet?

DAS DENKEN an die fremden traurigen Flüsse wird aufhören.
Dein Haar wird an zu heißen Winden verbrennen.
Das Denken an die fremden traurigen Flüsse wird fortfließen.

Auf schönen Kähnen
wirst du deinen Leib zu Ende rudern,
der so schwer ist.

Nicht zu sagen ist die Fahrt,
die Färbung der Gewässer
und die Töne des Himmels zu deinen Gedanken . . .

MEINE GEDICHTE will ich schenken
den blassen Federn,
die mit den herbstlichen Vögeln fortgeflogen sind.

Meine Schultern setze ich aus im Diluvium.
Da sollen sie traurige Urnen sein.

Dies singen die frühen Wälder,
und das Geigen der versteinerten Fische ist nah.

O Chöre,
die meinen Leib zur Ruhe tragen,
o ihr ruhigen.

Ich habe zu Ende geschenkt.
Das Tun ist im Dunkeln,
und es ist allein der Kopf
und der andere süße Leib
mit den Kerzen.

»WEIN IM GESICHT«

wein.
kein wein im gesicht
gehen gesichte durch
wein?

kein
wein stürzt aus deinen
blinden weinen
nicht.

finger im wain
wainen
wainglas kain in der stirn.

hirn im wain.
wain im hirnglas
kain wainhirn
trunken.

DER SCHLAF

Der Schlaf ist blind
und denkt an sich
und schläft.

STROPHEN IN EINEM SCHLAF

Rudere Ruderer deinen Pfad aus Schlaf.
Folge deinen angestimmten Wogen.
Meere, die sich auseinanderbogen,
wiesen Schönheit, die uns tief betraf.

Rudere Ruderer deine Tage fort.
Lenke die Gezeiten in den Lauf der Flüsse.
Hebe Welt= und Stern= und Segelfinsternisse
unter deiner Augen mächtig stillen Hort.

Dehne Bug und Strom entlang die weiten Küsten.
Laß die Ruder Ruderer deiner geisterhaften Hand entfliehn,
daß nicht lärmend Ruderschläge mehr die ausgeruhte Spur
    verwüsten
und nur Linien schweifend Traum und Buchtung ziehn.

Tauche einmal dein entstandnes Stillestehn
leicht und langsam in die Lust der Schwälle.
Deine Augen werden vor der hellen Welle
und vor allzu hohem Schlaf vergessen aufzusehn.

58

DIE VERLORENEN SCHAFE

Der Götterhirte hütete die Wiesen
mit einem Stab, der seine wenigen Hände trug.
Die vielen Schafe glitten über diesen
schmerzlichen Wald. Sie griffen nicht den Trug . . .

Nur langsam lernten sie, wie wahr
die Stille war, und daß ihr Schrein wie unter einem Glase
schrie und unter einem Schlaf ihre Ekstase
schlief und von den vielen Toden einer lang vorüber war.

Die steinernen Kniee suchten ein heiteres
gewährendes Ziel.
Doch sie stiegen in ein nur immer weiteres
gespielteres Spiel.

O die fast Entschlafenden!
Sie wußten nicht einmal, wo ihr Schlaf lag. —
Sie ersehnten den Strafenden,
der den Zauber brach . . .

Rührte der säumende Hirte nicht
müde den Stab, der sie aufhellend traf? . . .
Einmal verfiel ihr Gesicht.
Wie einen fremden Fluß flohen sie da ihren Schlaf.

FAHRT MIT DEN TOTEN ENGELN

. . . . . .

Wir nahten den äußersten Bläuen
und haben sie Träume genannt,
am Ende zur Rückkehr mit neuen
Segeln die Augen bespannt.

Wir sind zueinander geschwommen
wie Schiffe mit dunklem Kiel,
wir haben die Ufer erklommen
und trieben ein trauriges Spiel:

Die Engel haben die Schwerter
in rote Teiche getaucht.
Es sind die Hügel verheerter
Leiber an ihnen verraucht.

An unseren täglichen Riffen
erblühte den Segeln ein Wind.
Wir irrten auf heillosen Schiffen
durch Urnen und Labyrinth.

Uns haben die Winde gesteuert.
Die Ruder entglitten der Hand.
Wir fanden die Fische erneuert:
Sie trugen Ring und Gewand.

Wir stießen mit eilenden Flügeln
zurück ans obere Land.
Wir wurden auf oberen Hügeln
von riesigen Himmeln umspannt.

Die Engel in gütigen Särgen
verschwiegen das schwerste Gericht.
Wir schmähten die Meere. Auf Bergen
erwarben wir größres Gesicht.

. . . . . .

INHALT

Nachwort

Ernst Meister (1911–1979) veröffentlichte seinen ersten Gedichtband »Ausstellung«, der nun als Reprint vorgelegt wird, 1932 in dem kleinen Verlag der Marburger Flugblätter. Das literarische Klima, das am Ende der Weimarer Republik herrschte, kann so beschrieben werden: »Die gesellschaftliche Restauration erfuhr in einer formgeschichtlichen ihre Entsprechung. Im Laufe der zwanziger Jahre kam es zu einer deutlichen Aufwertung der Zweckformen wie Lehrstück, Dokumentartheater, Reportage, historischer Roman, Satire, Feuilleton, Biographie, Memoiren usw. Der Zug zum Authentischen war bei Konservativen wie Fortschrittlichen allgemein. Das empirisch gesammelte Wissen erschien als das verläßlichste, da es auf subjektive Deutung nicht angewiesen war und dem neuerwachten Wirklichkeitskult und Wirklichkeitsbezug entgegenkam.«[1] Ähnlich war die Lage in der Malerei und der Musik. Meisters Gedichte entsprachen diesen Forderungen nicht; das (quasi programmatische) Jean-Paul-Zitat, das als Motto des Bandes dient, ist eine deutliche Absage an die Relevanz des empirisch sammelbaren Wissens für die Literatur: »In der Tat ist das Leere unerschöpflich, nicht das Volle; aus dem Luftmeer ist länger zu schöpfen als aus dem Wassermeer; und dies ist eben die rechte schriftstellerische Schöpfung aus Nichts...« (S. 5)[2]. Kein Wirklichkeitskult, keine Feuilleton-Lyrik oder Gebrauchskunst, vielmehr die Proklamation der Omnipotenz der schriftstellerischen Phantasie. Da Meister sich so sehr dem Zeitgeschmack entgegensetzte, blieb eine Resonanz auf seine erste Veröffentlichung fast aus. Seine Erfolglosigkeit, seine »Schattenexistenz« läßt sich aus seiner solitären und gleichsam *immer* »unzeitgemäßen« Position erklären.

Einige Jahre später (1935/36)[3] wurden Meister alle nichtverkauften Exemplare der »Ausstellung« vom Verlag zurückgesandt. Vielleicht geschah das *auch* aus politischen Gründen, doch man kann sicher sein, daß in erster Linie kommerzielle Erwägungen eine Rolle spielten. Meister resignierte und veröffentlichte, obwohl er auch weiterhin schrieb, für zwanzig Jahre kaum mehr etwas. Die »Ausstellung« verschwand bis auf wenige Bände, die Frau Meister heimlich rettete und in ihrem Handarbeitskasten versteckte, im Müll.[4] Erst nach Kriegsende wurden sie aus dem Versteck wieder hervorgeholt, zum Erstaunen des Autors, der die Gedichte restlos verloren glaubte. In der zweiten Veröffentlichung nach dem Krieg »Dem Spiegelkabinett gegenüber« (Stierstadt i. Taunus: Eremiten-Presse 1954), der 1953 der Band »Unterm schwarzen Schafspelz« (ebenfalls Eremiten-Presse) vorausgegangen war, findet sich eine größere Auswahl dieser frühen Gedichte. Auch in den späteren Sammelbänden wurde ihnen ein relativ breiter Raum zugeteilt. (Vgl. Gedichte 1932–1964, Neuwied u. Berlin: Luchterhand 1964; Ausgewählte Gedichte 1932–1976, Darmstadt u. Neuwied: Luchterhand 1977.)

Nur zwei Reaktionen, die im »Dritten Reich« keine besondere Empfehlung waren, sind überliefert. Klaus Mann, den Meister während seines kurzen Berliner Studienaufenthaltes im Wintersemester 31/32 kennenlernte, schrieb ihm am 3.7.32: »Es ist sehr schön und sehr lobenswert, daß der Marburger Verlag dieses Buch herausgebracht hat. Was ich nach der ersten Lektüre Ihrer Sachen geschrieben habe, bestätigt sich mir noch deutlicher –:

daß Sie ein Dichter sind. Einiges ist Ihnen wunder-
schön gelungen, und überall ist ein sehr starkes
und eigenwilliges Talent. Vor allem eigenwillig,
und eben das empfinde ich so dankbar. Es ist ja zu
langweilig, wenn alle diese jungen Leute wie lau-
ter kleine Rilkes und Georges dichten, nachdem sie
ihren Expressionismus glücklich überwunden ha-
ben. Sie freilich haben ihn vielleicht immer noch
nicht gründlich genug überwunden, diesen ge-
fährlichen und so verführerischen ›Expressionis-
mus‹.«[5]

»Eigenwillig« ist das Stichwort, das von Klaus
Mann zu dem weniger prominenten Kritiker der
Vossischen Zeitung, Fritz Schwiefert, überleitet.
In einer Sammelrezension vom 5. Nov. 1933, in
der u. a. auch Gottfried Hasenkamps »Salzburger
Elegie« und Fritz Usingers »Das Wort« besprochen
chen werden, liest man: »Ernst Meister (»Ausstel-
lung«, bei Adolf Ebel, Marburg) geht noch ent-
schiedener vor, wenn er den gewiß nicht frivolen
Versuch macht, Lyrik nach einer Jean Paulschen
Anweisung ›aus dem Leeren‹ zu schöpfen, d. h. ei-
ne Art Kandinsky-Lyrik zu begründen, in der alle
Realität in alogische Einzelimpressionen aufgelöst
ist, die ihrerseits wieder solange atomisiert wer-
den, bis letzten Endes das Wort als solches, als hin-
gespielter Farbfleck, übrigbleibt; wobei er zeigt,
daß er, wenn er will, auch ganz anders kann.«

Meister konnte und wollte nicht anders. In ei-
nem fast fünfzig Jahre später verfaßten autobiogra-
phischen »Fragment (10. 3. 1971)« erinnert er sich
an seine frühe Poetik: »(Ich) ließ (...), vielleicht
schon angesteckt von Rimbaud, ›den Menschen‹
einen anderen werden, machte ihn zum ›homme
machine bleue‹, setzte seine gewachsene Kausalität
außer Kraft (›das dunkle Auge träumt den dunklen

Leib‹ oder ›die Hände tragen den Gang‹), illumi-
nierte die Physis in einer Art von Ekstasis (›der
hochgedrehte Kopf dreht sich im Traum‹), ja,
schritt gelassen zur Auflösung der Kreatur, ent-
band die Teile vom Ganzen und objektivierte sie,
wie es mir beliebte (›mein eines Bein liegt im Gar-
ten vor dem Haus‹). In der Malerei war das ja
schließlich auch schon geschehen. Mit entspre-
chender Einsicht nannte ein Kritiker der ›Vos-
sischen Zeitung‹ meine Produktion ›Kandinsky-
Lyrik‹.«[6]

Meisters späte Selbstinterpretation kommt der
Deutung Schwiefers recht nahe. Es geht um die
Destruktion dieser (scheinbar) festgefügten und in
sich ruhenden Welt, um die Zerstörung eines (vor-
geblich) ganzheitlichen Menschen, um die Entlar-
vung der Person als Maske, durch die der Tod
spricht. Die Zerstörung der Kausalität, in der sich
die Menschheit so häuslich niederließ, bedingt die
Zerstörung des Satzes und damit die Herrschaft
des Einzelwortes. Trostfunktion kommt diesen
Gedichten nicht mehr zu, vielmehr sind die Wör-
ter selbst unbehaust in ihnen. Der Verweis auf
Rimbaud evoziert hier auch den deutschen Ex-
pressionismus, deren große Voraussetzung er ist.
Meisters Nähe zu Stramm, Heym und Benn ist
evident. Verwandtschaft besteht nicht nur zum
literarischen, sondern auch zum malerischen Ex-
pressionismus. Die beunruhigende Bilderwelt die-
ser Gedichte, ihr vielfach geradezu ›malerischer‹
Impetus, lassen an die Gemälde eines Kirchner
oder Heckel denken:

DIE GELBEN Beine kreuzt der Mensch
im Schlaf.
Die Kniee kniet er tief in seinen Mund.
Das dunkle Auge träumt den dunklen Leib.
(S. 19)

oder:

Er hat den Säbel silbern in der Hand
Sein Kleid ist rot.
Sein großer Kragen ist schön weiß.
Er steht neben dem kleinen Menschen,
(…)
der auch Harlekin ist.
(S. 41)

In dem schon zitierten autobiographischen Frag-
ment beschreibt Meister sein damaliges ›expressio-
nistisches‹ Bewußtsein, das nicht ohne pathologi-
sche Züge auskommt. »Ich selbst, der, ohne alle
klassische Aufforderung, in dem Erstaunen lebte,
daß überhaupt etwas sei und nicht nichts, fürchtete
mehr als Veränderung: daß plötzlich das Univer-
sum stillstand oder gar verschwand, mitsamt mei-
ner noch nicht einmal mündig gewordenen Per-
son. War ich neurotisch? Ich fühlte mich in einem
spannungsvollen negativen Advent.«[7]

Klingt hier nicht Wozzecks »Hohl! Alles hohl!«
nach? Sätze aus der atheistischen Gewißheit, daß
kein Wesen das Universum beschützt, daß kein
Gott da ist, der gegen das Nichts sich stemmt
(»Gott bekämpft das Nichts, indem er es nicht sich
selbst überläßt.«[8], behauptet der Theologe Eber-
hard Jüngel), sondern, daß nur noch *ein* fürchterli-
cher Advent zu erwarten ist: die Heraufkunft des
Nichts. Die positive (d. h. nun: illusionäre) advent-
ische Hoffnung auf die baldige Wiederkunft Chri-
sti und damit verbunden, auf die Erneuerung des

Kosmos, ist einer negativen Eschatologie gewichen. Weder die Geschichte, noch die individuelle Existenz haben ein Telos. Was kommt ist das nihilistische Eschaton. »Still, alles still, als wäre die Welt tot.«, sagt Wozzeck, eine Antwort bleibt aus.

Im Nichts hausen die Fragen.
Im Nichts sind die Pupillen groß.
Wenn Nichts wäre,
o wir schliefen jetzt nicht,
und der kommende Traum
sänke zu Tode unter blöden Riesenstein.
(S. 7)

Die einmal gewonnene Erkenntnis von der Brüchigkeit der Welt und der radikalen Endlichkeit des menschlichen Daseins, wurde in den späteren Jahren durch unablässige philosophische Reflexion erhellt und dichterisch immer unbedingter ausgesagt. Gerade die Gedichte der letzten Lebensdekade geben beredt Zeugnis davon. Es ist wirklich der ›ganze‹ Meister, wenn auch in nuce, dem wir in der »Ausstellung« begegnen.

R. Kiefer

Anmerkungen

1 Schäfer, Hans Dieter: Naturdichtung und Neue Sachlichkeit. In: Rothe, Wolfgang (Hrsg.): Die deutsche Literatur in der Weimarer Republik. Stuttgart 1974, S. 359.
2 Vgl. Jean Paul: Kleine Nachschule zur ästhetischen Vorschule. In: Ders.: Werke 5. Bd. Hrsg. v. Norbert Miller. München 1963, S. 459 f. Der erste Paragraph, aus dem Meister zitiert, trägt die Überschrift »Poetische Nihilisten«.
3 Die Jahreszahlen verdanke ich Frau Else Meister.
4 Vgl. Koch, Alice (d. i. Meister, Else): Ernst Meister – ein außerordentliches Leben. Ernst-Meister-Gymnasium Haspe, Festschrift zur Namensgebung der Schule. 19. Dezember 1980. Hagen 1980, S. 15 ff.
5 Mann, Klaus: Briefe und Antworten. Bd. I: 1922–1937. Hrsg. v. Martin Gregor-Dellin. München 1975, S. 79.
6 Meister, Ernst: Fragment (10. 3. 1971). In: Motive. Hrsg. v. Richard Salis. Tübingen, Basel 1971, S. 267.
7 Meister, Ernst: A. a. O., S. 267.
8 Jüngel, Eberhard: Gott als das Geheimnis der Welt. Tübingen 1977, S. 297.

Ernst Meisters Gedichte von 1953 bis 1960

Rimbaud Presse